Ausdauertraining mit Diagnose, Zielsetzung und Trainingsplanung zur Erhöhung der allgemeinen Fitness und Stärkung des Immunsystems

Marie-Louis Ebert

Bibliografische Information der Deutschen Nationalbibliothek:

Die Deutsche Nationalbibliothek verzeichnet diese Publikation in der Deutschen Nationalbibliografie; detaillierte bibliografische Daten sind im Internet über http://dnb.d-nb.de abrufbar.

ISBN: 9783346782434
Dieses Buch ist auch als E-Book erhältlich.

Druck und Bindung: Books on Demand GmbH, Norderstedt Germany
Gedruckt auf säurefreiem Papier aus verantwortungsvollen Quellen

Das vorliegende Werk wurde sorgfältig erarbeitet. Dennoch übernehmen Autoren und Verlag für die Richtigkeit von Angaben, Hinweisen, Links und Ratschlägen sowie eventuelle Druckfehler keine Haftung.

Das Buch bei GRIN: https://www.grin.com/document/1308632

Deutsche Hochschule für

Prävention und Gesundheitsmanagement

Hermann Neuberger Sportschule 3

66123 Saarbrücken

Einsendeaufgabe

Fachmodul: Trainingslehre II

Studiengang: Bachelor of Arts - Gesundheitsmanagement

Datum
Präsenzphase: 09.11. – 11.11.2020

Name, Vorname: Ebert, Marie-Louis

Studienort: **Leipzig**

Semester: **WS 2019**

Inhaltsverzeichnis

1   Diagnose

1.1   Allgemeine und biometrische Daten

Die folgende tabellarische Darstellung fasst alle wichtigen allgemeinen sowie biometrische Daten der Testperson (TPx) zusammen.

Tab. 1: Angaben allgemeiner und biometrischer Daten der Testperson

Alter	24 Jahre
Geschlecht	weiblich
Körpergröße	1,72m
Körpergewicht	65kg
Trainingsmotive	allgemeine Fitness, Immunsystem stärken, Gewichtsreduktion, Körperfettanteil reduzieren
berufliche Tätigkeit	Sachbearbeiterin in der Zentralen Polizeizentrale
aktuelle und frühere sportliche Aktivitäten	5.-12. Lebensjahr 2mal pro Woche à 1,5h Tanzen; 11.-16. Lebensjahr 3mal die Woche à 2h Schwimmen im Leistungssport; derzeit halbherzig 2-3h Fitnessstudio
Leistungsstufe	geübt
Trainingsumfang	Ganzkörper
zeitlicher Verfügungsrahmen	3-4 Stunden wöchentlich
Blutdruck	Gemessen: 125mmHg/82mmHg Optimal: <120/80 Normal: 120-129/80-84 Hypertonie I: 140-159/90-99 Hypertonie II: 160-179/100-109 Hypertonie III: >180/>110
Ruhepuls	Gemessen: 62 Schläge/Minute Normal: 60-80 Schläge/Minute Langsam: < 60 Schläge/Minute Schnell: > 80 Schläge/Minute
orthopädische und internistische Probleme	keine
ärztliche Behandlungen	keine

Einnahme von Medikamenten	keine
sonstige gesundheitliche Ein-schränkungen	keine

Die in der Tabelle angegebenen Daten belegen, dass die TPx gesund ist und somit ohne zu beachtende Einschränkungen trainieren kann. Biometrische Parameter wie Blutdruck und Ruhepuls entsprechen den Normwerten. Frühere sportliche Aktivitäten, wie das Schwimmen im Leistungssport, bringen zwar eine gewisse Erfahrung im Ausdauerbereich mit sich, jedoch muss die längere Pause der aktiven Sportbetreibung von acht Jahren berücksichtigt werden. Aufgrund des Alters kann bei der TPx davon ausgegangen werden, dass sie keine Alterseinschränkungen mit sich bringt und daher voll belastbar ist. Durch die derzeit durchgeführten Aktivitäten, Krafttraining im Fitnessstudio, werden u.a. grundlegende Punkte des Krafttrainings wie Muskelwachstum, Regenerationsfähigkeit oder Muskelfaserrekrutierung auf trainiert und schaffen eine verbesserte Grundlage für den Einstieg in ein gezieltes Ausdauertraining. Schlussfolgernd kann man die TPx als „geübt" einstufen; eine Steigerung ist definitiv möglich.

1.2 Leistungsdiagnostik nach dem Belastungsschema Hollmann & Venrath

Der Ausdauertest dient der Bestimmung und Beurteilung des aktuellen Leistungszustandes der TPx. Nach der Durchführung kann die genaue Trainingsintensität festgelegt sowie auf Basis individueller Trainingsbereiche das Training gezielt und effizient gesteuert werden. Anhand der Ausgangswerte wird die Entwicklung und der Trainingsfortschritt im Trainingsverlauf der TPx dokumentiert und kontrolliert (Hottenrott, K. & Hoos, O. (2020). Sportmotorische Fähigkeiten und sportliche Leistungen – Trainingswissenschaft. In Güllich, A. & Krüger, M. (Hrsg.), *Bewegung, Training Leistung und Gesundheit*. Berlin, Heidelberg: Springer-Verlag, S. 460).

1.2.1 Begründung des gewählten Fahrradergomentertests

Das gewählte ergometrische Untersuchungsverfahren ermöglicht die Beurteilung in den Bereichen der Leistungsdiagnostik (derzeitige körperliche Leistungsfähigkeit und Belastbarkeit) und der Gesundheitsuntersuchung (Funktion des Herz-Kreislauf-Systems). Hierbei spricht man von dosierten körperlichen Belastungen mit simulanter Kontrolle verschiedener Messwerte. Bei einer Ergometrie wird von der belasteten Person eine festgelegte Leistung gefordert, um gewisse Funktionsparameter zu steigern und somit eine Bewertung zu ermöglichen. In der praktischen Durchführung haben sich hierbei gewisse Stufentests herauskristallisiert (aus der Fünten, K., Faude, O., Skorski, S. & Meyer, T. (2020). Sportmedizin. In Güllich, A. & Krüger, M. (Hrsg.), *Bewegung, Training Leistung und Gesundheit.* Berlin, Heidelberg: Springer-Verlag, S. 172). Für die TPx wurde das Belastungsschema nach Hollmann & Venrath gewählt. Dieser Test gehört zu den submaximalen Stufentests und wird durch eine steigende physikalische Leistung charakterisiert. Auf die einzelnen Stufen werden Belastungszeiten zwischen 2 und 6 Minuten festgelegt. Definiert wird das gesamte Belastungsprotokoll durch die Festlegung von Eingangsstufe, Stufendauer und Stufenhöhe; alle genannten Punkte werden aus Alter, Geschlecht, Körperdimension und der geschätzten Ausgangsleistungsfähigkeit der TPx festgelegt (aus der Fünten, Faude, Skorski & Meyer, 2020, S. 172). Durchgeführt wird der Ausdauertest am Fahrradergomenter. Über eine festgelegte Zeit wird die Wattleistung am Gerät und somit auch die Herzfrequenz (Hf) gesteigert. Unsere Testperson wurde vor der Durchführung über Funktion und eventuelle Auswirkungen des Gerätes informiert. Dieser Test ist ideal für die TPx, da sie durch die Einordnung in die Leistungsstufe „geübt" zur Zielgruppe gehört. Sie bringt durch frühere Erfahrungen im Ausdauerbereich die geforderte Belastbarkeit mit. Die Belastung am Gerät ist exakt dosierbar sowie reproduzierbar, Fehlbelastungen sind so gut wie ausgeschlossen und zudem ist die Durchführung durch die koordinativ einfache Tretbewegung simpel gehalten (aus der Fünten, Faude, Skorski & Meyer, 2020, S. 172). Durch optimalen Blutdruck- und Ruhepulswerte, kann TPx den Test uneingeschränkt durchführen und ihre Werte am Gerät kontrolliert werden. Eine zusätzliche Anwendung der Leistungsdiagnostik bei TPx zur Testung von Erkrankungen, wobei unter körperlicher Belastung gewisse Beschwerden auftreten können, sänkt das Risiko, spezifische Erkrankungen (z.B. am Herzen oder der Lunge) zu übersehen (aus der Fünten, Faude, Skorski & Meyer, 2020, S. 172). Sollte TPx während des Tests Schwindel oder sogar Atemnot verspüren, kann der Test sofort abgebrochen werden; die Wahrscheinlichkeit ist jedoch durch ihren Gesundheitszustand sehr gering.

1.2.2   Testprotokoll

Nach einem ausführlichen Gespräch mit TPx, um die Wahl des Tests zu erläutern und den Ablauf abzusprechen, kommt es nun zur Durchführung. TPx startet mit einer Eingangsbelastung von 50 Watt. Bei diesem Stufentest dauert eine Stufe drei Minuten. Nach diesen ersten drei Minuten kommt es zu einer Erhöhung der Wattleistung um 40 Watt. Während dieser Steigerungen aller drei Minuten, wird der Puls gemessen. Wenn eine gewisse „Pulsobergrenze" erreicht ist, kommt es zum Abbruch des Tests. Dieser Wert wird wie folgt berechnet:

$$\text{Pulsobergrenze nach WHO:} \quad 180 - \text{Lebensjahr} = \text{Pulsobergrenze}$$

$$180 - 24 = 156 \text{ S/min}$$

Zum Wert der Abbruchgrenze ist zu sagen, dass diese bei Durchführung eines submaximalen Tests genauso so hoch ist, wie die Pulsobergrenze, sprich 156 S/min. Bei dieser Durchführung wurde kein Pulsaufschlag durchgeführt. Dieser ist möglich, wenn eine Testperson einen gewissen Trainingszustand mit sich bringt. Da jedoch TPx seit mehreren Jahren keinen direkten Ausdauersport betrieben hat, wird sicher gegangen, eine eventuell anfängliche Überbelastung auszuschließen. Die nun folgenden Tabellen stellen den Testverlauf, bestehend aus Testprotokoll mit allen testrelevanten Parametern, an einem Fahrradergometer dar.

Tab. 2: Angaben aller testrelevanten Parameter

Name, Vorname	Frau TPx
Geschlecht	weiblich
Alter	24 Jahre

Testform:	Stufendauer:
Hollmann & Venrath Test	3 min
⦿ submaximal	Belastungssteigerung:
O maximal	25 Watt
Eingangsbelastung:	Trittfrequenz:
50 Watt	60-80 U/min

Pulsobergrenze (nach WHO):	Gewicht:
156 S/min	65 kg
Abbruchgrenze:	Ruhepuls:
156 S/min	62 S/min
Anmerkungen:	Blutdruck:
kein Pulsaufschlag	125/82 mmHg

Tab. 3: Testprotokoll (Angaben der Hf basieren auf einer theoretischen Durchführung des Ausdauertests auf dem Fahrradergometer)

Eingangstest	Datum			
Zeit (min)	Watt	HF 1 (S/min)	Hf 2 (S/min)	Hf 3 (S/min)
0-3	50	79	91	109
4-6	80	100	113	120
5-9	110	119	120	132
10-12	140	128	132	144
13-15	180	142	147	156
16-18	220	-	-	-
Watt gesamt	180 W			
Watt/kg	2,8 W/kg			
Bewertung n. Normaltabelle	für >30 Jährige über dem Durchschnitt			

1.2.3   Bewertung des erzielten Testergebnisses

Nach Bewertung des Ergebnisses liegt TPx klar über dem Durchschnitt. Der Normwert bei Frauen unter dreißig Jahre liegt bei 2,4. Werte darunter fallen unter den Durchschnitt und weisen somit auf eine eher mäßig trainierte Person auf. TPx ist mit ihrem Ergebnis auch zukünftig ohne Einschränkungen voll belastbar. TPx konnte sich nach dem Test erholen und ihre Herzfrequenz hat sich normalisiert. Die Pulsobergrenze wurde nach 15 Minuten erreicht und somit der Test abgebrochen; eine weitere Erhöhung auf 220 Watt wäre für die schlussendliche Bewertung irrelevant gewesen.

1.3   Gesundheits- und Leistungsstatus der Person

TPx ist mit diesen Testergebnissen komplett gesund und demzufolge auch für die kommenden Ausdauertrainings voll belastungsfähig. Das Ergebnis am Fahrradergometer ist überdurchschnittlich und lässt einen anspruchsvolleren Trainingseinstieg zu. Somit muss TPx in der zukünftigen Planung der Trainingseinheiten nicht zwingend mit einer Stabilisierung und Entwicklung der Grundlagenausdauerfähigkeit beginnen, sondern kann fortgeschrittener eingestuft werden. Auf einem höheren Niveau kann die Grundlagenausdauerfähigkeit weiterentwickelt werden. Die Trainingswirkung ist von vielen Aspekten abhängig. Hierbei sprechen wir davon, dass bedingt durch Art, Dauer, Häufigkeit und Intensität des Trainings, es zu gewissen Anpassungsreaktionen und einer verbesserten Leistungsfähigkeit des Körpers kommt. Hierbei handelt es sich hauptsächlich um eine Steigerung der Fähigkeit zu Sauerstofftransport und Energiebereitstellung als Folge des Ausdauertrainings. Schlussendlich fällt die Anpassungsreaktion größer aus, umso höher der Unterschied im Vergleich zur bisherigen Belastung ausfällt. Dennoch muss beachtet werden, dass die derzeitige Belastungsgrenze der TPx nicht überschätzt wird und es dadurch eventuell zu Schäden kommt (aus der Fünten, K., Faude, O., Skorski, S. & Meyer, T. (2020). Sportmedizin. In Güllich, A. & Krüger, M. (Hrsg.), *Bewegung, Training Leistung und Gesundheit*. Berlin, Heidelberg: Springer-Verlag, S. 178). Langfristig gesehen hat sie jedoch eine gute Grundlage, die körperliche Verfassung und damit verbunden auch ihren allgemeinen Gesundheitszustand zu verbessern.

2   Zielsetzung/Prognose

Die dargestellte Tabelle führt die Trainingsziele der TPx auf.

Tab. 4: Zielsetzung der TPx

Ziele	Zentrale Kriterien (Reihenfolge: Inhalt, Ausmaß, Zeit)
Steigung der Wattleistung im Hollmann&Venrath-Ausdauertest	Verbesserung der Testergebnisse
	Verbesserung um 10%
	nach 6 Wochen (Dauer erster Mesozyklus)
Körperfettanteil: 23%	Körperfettreduktion
	Reduktion um 7% (Ausgangswert: 30%)
	in 1-2 Jahren (langfristiges Ziel)
Immunsystem stärken	Infektraten verringern
	Ausfall auf Arbeit aufgrund von Krankheit 1-2mal im Jahr
	innerhalb des ersten Jahres

Die einzeln aufgeführten Trainingsziele sind hauptsächlich auf die gesundheitliche Verfassung der TPx ausgelegt. Um eine weitere Anhäufung von Ausfällen am Arbeitsplatz durch Krankheit zu vermeiden, möchte TPx ihr Immunsystem steigern. Wird ein moderates Training im aeroben Bereich durchgeführt, kommt es zur Stärkung und Stabilisierung der Leistungs- und Regenerationsbereitschaft des Abwehrsystems. Dies führt zur

Verminderung der Symptomschwere und reduziert zusätzlich die Infektraten. Jüngere Personen, wie TPx, passen sich immunverträglich deutlich höheren aeroben Belastungen an. Sollte es körperlich zu einer erhöhten akuten Belastung kommen, kann einer negativen Veränderung im Immunsystem durch eine ausgleichende Regenerationsphase verhindert werden. Hierbei ist zu beachten, dass dieser Zeitraum drei bis vier Tage betragen. Ist die aerobe Ausdauerfähigkeit besonders gut ausgeprägt, lässt sich die Regenerationsfähigkeit stärker einordnen. Unabhängig davon gilt dennoch grundlegend: das Immunsystem wird geschwächt, wenn die Regenerationszeit nicht eingehalten bzw. des Öfteren verkürzt wird (Mathias, D. (2018). Fit und gesund von 1 bis Hundert. *Sport und Optimierung der Immunabwehr*. Berlin, Heidelberg: Springer-Verlag, S. 88). Die gewünschte Körperfettreduktion wird als „positiver Nebeneffekt" gesehen. Langfristig gesehen, reicht das Ausdauertraining definitiv nicht zu Reduktion. Bekanntlich besteht ein Trainingserfolg aus 50% Training und 50% Ernährung. Sollte TPx ernsthaft das Ziel in der Zeit erreichen wollen, muss sie zusätzlich eine Veränderung der Ernährung hinzuziehen. Die Steigerung der Wattleistung über die kommende sechs Wochen lässt sich als messbare Leistungssteigerung vermerken. Durch eine, hoffentlich konstante Steigerung der Ausdauerfähigkeit von TPx, ist dieses Ziel primär. Durch eine dauerhafte Messung, und der damit verbundenen Steigerung am Fahrradergometer, ist die Umsetzung dieses Trainingszieles realistisch. Sollte zwischenzeitlich keine Steigerung gemessen werden, kann man das Training anpassen, um dadurch den gewünschten Effekt zu erzielen. Die zeitliche Einschätzung der Zielsetzung ist einzuhalten, wenn nicht sogar eher zu erreichen.

3 Trainingsplanung Mesozyklus

3.1 Grobplanung Mesozyklus

Die kommende Tabelle stellt den Mesozyklus für die kommenden 6 Wochen dar.

Tab. 5: Grobplanung Mesozyklus

Mesozyklusdauer	6 Wochen
Trainingsziel/e bzw. Trainingsbereich/e	- Entwicklung und Stabilisierung Grundlagenausdauer I (GA1-GA2) - Entwicklung Grundlagenausdauer II (GA 2) - Aktive Unterstützung der Regeneration (REKOM)

Belastungsumfang/Woche	- 45-90 min
Trainingsmethoden	- extensive Dauermethode (ext. DM) - variable Dauermethode (var. DM)
Trainingsintensitäten	- 70-75% Hf_{max} Extensive DM - 70-85% Hf_{max} Variable DM - 50-60% Hf_{max} REKOM-Training
Trainingshäufigkeit/Woche	- 3 - 4 mal pro Woche
Dauer pro TE	- 50-80min (extensiv) - 40-50min (relativ) - 30min (REKOM)
Trainingsgeräte	- Crosstrainer - Laufband (joggen) - Fahrrad

3.2 Detailplanung Mesozyklus

Die nächste Tabelle stellt die 6 Wochen Mesozyklus detaillierter dar.

Tab. 6: Detailplanung Mesozyklus

Woche 1	Montag	Mittwoch	Freitag
Trainingsziel	GA1-2	GA2	GA1-2
Tr.-Methode(n)	ExDM	VDM	ExDM
Tr.-Intensität	70-75% Hf_{max}	70-85% Hf_{max}	60-70% Hf_{max}
Tr.-Dauer	60 min	40 min	50 min
Tr.-Gerät	Rad	Joggen auf Laufband	Crosstrainer

Woche 2	Montag	Mittwoch	Freitag
Trainingsziel	GA1-2	GA2	GA1-2
Tr.-Methode(n)	ExDM	VDM	ExDM
Tr.-Intensität	70-75% Hf_{max}	70-85% Hf_{max}	60-70% Hf_{max}
Tr.-Dauer	70 min	45 min	50 min
Tr.-Gerät	Rad	Joggen auf Laufband	Rad

Woche 3	Montag	Mittwoch	Freitag
Trainingsziel	GA1-2	GA2	REKOM
Tr.-Methode(n)	ExDM	VDM	ExDM
Tr.-Intensität	70-75% Hf_{max}	70-85% Hf_{max}	50-60% Hf_{max}

Tr.-Dauer	75 min	50 min	40 min
Tr.-Gerät	Rad	Crosstrainer	Joggen auf Laufband

Woche 4	Montag	Mittwoch	Freitag
Trainingsziel	GA1-2	GA2	GA1-2
Tr.-Methode(n)	ExDM	VDM	ExDM
Tr.-Intensität	70-75% Hf_{max}	70-85% Hf_{max}	60-70% Hf_{max}
Tr.-Dauer	60 min	45 min	50 min
Tr.-Gerät	Rad	Joggen auf Laufband	Crosstrainer

Woche 5	Montag	Mittwoch	Freitag	
Trainingsziel	GA1-2	GA2	GA1-2	GA2
Tr.-Methode(n)	ExDM	VDM	ExDM	VDM
Tr.-Intensität	70-75% Hf_{max}	70-85% Hf_{max}	60-70% Hf_{max}	70-85% Hf_{max}
Tr.-Dauer	60 min	40 min	50 min	50 min
Tr.-Gerät	Rad	Joggen auf Laufband	Crosstrainer	Joggen auf Laufband

Woche 6	Montag	Mittwoch	Freitag	Sonntag
Trainingsziel	GA1-2	GA2	GA1-2	REKOM
Tr.-Methode(n)	ExDM	VDM	ExDM	ExDM
Tr.-Intensität	70-75% Hf_{max}	70-85% Hf_{max}	60-70% Hf_{max}	50-60% Hf_{max}
Tr.-Dauer	65 min	45 min	80 min	40 min
Tr.-Gerät	Rad	Joggen auf Laufband	Crosstrainer	Joggen auf Laufband

3.3 Begründungen zum Mesozyklus

Wie bereits öfters angegeben, ist TPx durch die zuvor durchgeführten Testergebnisse uneingeschränkt belastungsfähig. Sie liegt nach Belastungsfaktoren über dem Durchschnitt und bringt eine gewisse Erfahrung im Ausdauertraining mit sich. Dementsprechend kann man definitiv davon ausgehen, dass der gemessene Belastungsfaktor nach einer gewissen Trainingsdurchführung verbessert werden kann. Nach einer lückenlosen und ehrgeizigen

Durchführung des Trainingsplanes ist die Erreichung der Ziele von TPx realistisch. Versprechungen darüber, dass jedes formulierte Ziel und somit jeder Wunsch in Erfüllung geht, kann jedoch nie zu einhundert Prozent versprochen bzw. garantiert werden.

3.3.1 Begründung zum angestrebten wöchentlichen Belastungsumfang

TPx bringt einen zeitlichen Verfügungsraum von drei bis vier Stunden mit. Somit beträgt der Trainingsumfang umgesetzt im detaillierten Mesozyklus zwischen 150 und 230 Minuten; maximale Möglichkeit wären 240 Minuten gewesen. Während die Intensität relativ gleich blieb, wurde stattdessen die Länge der Trainingseinheit. Wenn die letzten zwei Wochen erreicht werden, wird TPx sogar eine weitere Trainingseinheit durch einen vierten Wochentag bekommen. Eine konstante Steigerung von Intensität und der Anzahl an Trainingseinheiten wäre möglich, wenn TPx eine sehr gut trainierte Sportlerin wäre (Mathias, D. (2018). Fit und gesund von 1 bis Hundert. *Die überragende Stellung der Ausdauer.* Berlin, Heidelberg: Springer-Verlag, S. 70). Da die bereits erwähnte Überbelastung umgangen werden soll, wird ausschließlich die Steigerung der Dauer einzelner Trainingseinheiten umgesetzt.

3.3.2 Begründung zu den ausgewählten Trainingsmethoden

Bei den gewählten Trainingsmethoden handelt es sich um die extensive Dauermethode, variable Dauermethode und REKOM-Methode. Diese Methoden bauen aufeinander auf. Die variable baut auf die extensive Dauermethode, um die Entwicklung der Grundlagenausdauer zu erweitern. Die REKOM-Methode soll zur Stabilisierung des Immunsystems, welches bereits bei TPx angeschlagen ist, dienen.

3.3.3 Begründung zur Belastungsprogression

TPx genannte Ziele lassen sich grundlegend auf die Leistungssteigerung begrenzen. Trotz dessen ist ein Einstieg zur Gewöhnung an die kontinuierliche Leistungsanforderung gegeben. Dafür sind die ersten zwei Wochen angesetzt. Der Körper gewöhnt sich an die regelmäßige Belastung und durchgeführten Bewegungen. Ganz wichtig für jedes planmäßig durchgeführtes Ausdauertraining ist die Regelmäßigkeit (Mathias, 2018, S. 70). Wenn durch die regelmäßig durchgeführten Trainingseinheiten eine Steigerung und Stabilisierung des Trainingszustandes erreicht worden sein, kann der Umfang des Trainings gesteigert werden. Daher kommt es in den letzten zwei Wochen zu einer weiteren Einheit mit der extensiven Dauermethode. Zudem steigert sich kontinuierlich über die Wochen die Länge der einzelnen Trainingsmethoden.

3.3.4 Begründung zu den angesteuerten Trainingsbereichen

Wie bereits erwähnt, bauen alle Methoden aufeinander auf. GA1-2 diente zur Entwicklung und Stabilisierung der Grundlagenausdauer. Zweiteres lag hierbei im Hauptfokus, da TPx eine gewisse Grundlagenausdauer mit sich brachte. Daher wurde in der Trainingsplanung auch nie GA1 als Ziel angegeben, da dieses alleinig die Entwicklung der Grundlagenausdauer, welche bereits vorhanden ist, beinhaltet. GA2 zielt auf eine Entwicklung der Grundlagenausdauer auf einem höheren Niveau ab. Die REKOM-Methode dient als aktive Unterstützung der Regeneration. Demzufolge ist Intensität sowie die Dauer der Trainingseinheit geringer als andere. Da TPx bereits ein geschwächtes Immunsystem mit sich bringt, und die Regeneration den Körper vor einer Überbelastung und damit auch der Schwächung des Immunsystems schützt, wurde diese Methode zwei Mal angewendet. Somit sollte die gesundheitliche Stabilisierung von TPx gegeben sein.

3.3.5 Begründung der ausgewählten Ausdauergeräte bzw. Bewegungsformen

Alle Geräte bzw. Bewegungsformen werden im Indoor-Bereich getätigt. Diese Wahl ergab sich aus der bereits vorhandenen Erfahrung im Ausdauerbereich und der angewöhnten Trainingsform aus dem Fitnessstudio. Da TPx auf eine Verbesserung der Werte auf dem Fahrradergometer abzielt, wurde dieses Gerät als fester Bestandteil gewählt. Durch die wöchentliche Nutzung und Messung der Werte, kann eine gewisse Steigerung bereits erkannt werden und im besten Falle TPx als Motivation dienen. Bekanntlich kann auf einem Laufband die Schnelligkeit, und somit die Belastung, reguliert werden.

4 Literaturrecherche

Die aufgeführte Tabelle stellt einen Studienvergleich zur Thematik „Effekte des Ausdauertrainings bei koronarer Herzerkrankung" dar.

Tab. 7: Studienvergleich

	„Home-based interval training increases endurance capacity in adults with complex congenital heart disease"	„Does eccentric endurance training improve walking capacity in patients with coronary disease? A randomized controlled pilot study"
Quellenverweis	Sandberg, C., Hedström, M., Wadell, K., Dellborg, M., Ahnfelt, A., Zetterström, A.-K., Öhrn, A. & Johansson, B. (2017)	Gremeaux, V., Duclay, J., Deley, G., Philipp, J. L., Laroche, D., Pousoon, M. & Casillas, J. M. (2010)

Durchführende Personen	Sandberg, Hedström, Wadell, Dellborg, Ahnfelt, Zetterström, Öhrn & Johansson (keine genauen Angaben)	Herzrehabilitationsstation, Universitätsklinikum Dijon
Publikationsjahr	2017	2010
Forschungsfrage	Was sind die Auswirkungen des heimbasierten Intervalltrainings auf maximale Ausdauerkapazität und Spitzenübungsfähigkeit bei Erwachsenen mit koronarer Herzerkrankung?	Welche Auswirkungen hat ein exzentrisches Ausdauertraining auf die Übungsfähigkeit bei Patienten mit einer koronalen Herzerkrankung?
Versuchspersonen	- 26 Erwachsene mit komplexen angeborenen Herzerkrankungen	- 14 Patienten mit stabiler koronarer Herzkrankheit nach perkutaner koronaren Intervention
Versuchsaufbau	- Interventionsgruppe: 16 Personen, 12 Wochen heimbasiertes Intervalltraining - Kontrollgruppe: 10 Personen, weiterhin normale körperliche Aktivität beibehalten - vor und nach der Intervention wurde inkrementeller kardiopulmonaler Bewegungstest & konstanter Kardiopulmonaden-Übungstest durchgeführt	- alle Patienten vollzogen 15 Trainingseinheiten (1 Einheit pro Tag, 3 Tage pro Woche) - Patienten konnten wählen zwischen: Standardprogramm in konzentrischen Gruppe oder exzentrische Widerstandsübungen mit beiden unteren Gliedmaßen auf speziell entwickelten Ergometer in exzentrischer Gruppe
Ergebnisse	- 23 Personen schlossen ab (3 verließen Interventionsgruppe) - in Interventionsgruppe nahm Übungszeit nach Intervention bei konstanter Arbeitsrate kardiopulmonaler Übungstests zu - bei inkrementellem kardiopulmonalen Trainingstest2 stieg Interventionsgruppe um 15% gegenüber Kontrollgruppe 2% - im Vergleich keine Unterschiede zwischen beiden Gruppen - Interventionsgruppe steigert sich in Spitzenauslastung bei inkrementellen kardiopulmonalen Belastungstest, Kontrollgruppe nicht	- Keine Nebenwirkungen - Alle gemessenen Parameter (Symptombegrenztes VO_2, Spitzenbelastung, isometrische Stärke von Beinextensor & Knöchel-Plantar-Flexoren, zurückgelegte Distanz während 6min-Gehtest, Zeit für 200m-Schnelllauftest) verbesserten sich in beiden Gruppen - Außnahme: 200m-Schnelllauftest – symptombegrenztes VO_2 +14,2% (exzentr.) vs. +4,6% (konzentr.), Spitzenauslastung +30,8% (exzentr.) vs. +19,3%(konzentr.), 6-Minuten-Laufstrecke +12,6% (exzentr.) vs. +10,1%(konzentr.) & Beinextensorstärke +7% (exzentr.) vs. +13% (konzentr.) in beiden Gruppen in ähnlicher Weise verbessert (P < 0,01)

		- In beiden Gruppen Knö-chel-Plantar-Flexor-Stärke verbessert, jedoch mit stär-kerem Anstieg in exzentr. Gruppe (+17% vs. +7%, P < 0,05)
Schluss-folgerun-gen	Ein heimbasiertes Intervall-Übungstraining erhöht die Spitzen-auslastung und die Ausdauerkapa-zität bei Erwachsenen mit komple-xen angeborenen Herzerkrankun-gen.	Am exzentrischen Ausdauertrai-ning können Patienten mit einer stabilen koronarer Herzkrankheit teilnehmen.

5 Literaturverzeichnis

aus der Fünten, K., Faude, O., Skorski, S. & Meyer, T. (2020). Sportmedizin. In Güllich, A. & Krüger, M. (Hrsg.), *Bewegung, Training Leistung und Gesundheit.* Berlin, Heidelberg: Springer-Verlag, S. 172, S. 178.

Gremeaux, V., Duclay, J., Deley, G., Philipp, J. L., Laroche, D., Pousson, M. & Casillas J. M. (2010). Does eccentric endurance training improve walking capacity in patients with coronary artery disease? A randomized controlled pilot study. Clin Rehabil. 2010 Jul;24(7):590-9. doi: 10.1177/0269215510362322. Epub 2010 Jun 8. PMID: 20530649.

Hottenrott, K. & Hoos, O. (2020). Sportmotorische Fähigkeiten und sportliche Leistungen – Trainingswissenschaft. In Güllich, A. & Krüger, M. (Hrsg.), *Bewegung, Training Leistung und Gesundheit.* Berlin, Heidelberg: Springer-Verlag, S. 459-467.

Mathias, D. (2018). Fit und gesund von 1 bis Hundert. *Die überragende Stellung der Ausdauer.* Berlin, Heidelberg: Springer-Verlag, S. 70.

Mathias, D. (2018). Fit und gesund von 1 bis Hundert. *Sport und Optimierung der Immunabwehr.* Berlin, Heidelberg: Springer-Verlag, S. 88.

Sandberg, C., Hedström, M., Wadell, K., Dellborg, M., Ahnfelt, A., Zetterström, A. K., Öhrn, A. & Johansson, B. (2018). Home-based interval training increases endurance capacity in adults with complex congenital heart disease. Congenit Heart Dis. 2018 Mar;13(2):254-262. doi: 10.1111/chd.12562. Epub 2017 Dec 4. PMID: 29205923.

6 Abbildungs- und Tabellenverzeichnis

6.1 Abbildungsverzeichnis

6.2 Tabellenverzeichnis